FOREX BIBEL

FOREX BIBEL

 FOREX BIBEL

 FOREX BIBEL

Inhalt

Kapitel 1: Worum es an der Börse geht

Kapitel 2: Börsentrends

Kapitel 3: Eine Einführung in Forex

Kapitel 4: Grundlegendes zur Währungsumrechnung

Kapitel 5: Grundlegendes zur Statistik

Kapitel 6: Währungsvolatilität und Markterwartungen

Kapitel 7: Aspekte des Handels

Kapitel 8: Risikomanagement

Kapitel 9: Schlagworte

Kapitel 10: Handelsoptionen für Experten

Kapitel 11: Andere Handelsoptionen

Kapitel 12: Im Rückblick

Kapitel 13: Eine letzte Option

 FOREX BIBEL

Kapitel 1: Worum es an der Börse geht

In jedem gewinnorientierten Geschäft oder Unternehmen sind Vorbereitung und Vorkenntnisse der Schlüssel zum Erfolg. Ohne diese Art von Wissen kann der Versuch, eine gewinnbringende finanzielle Entscheidung zu treffen, nur in einer Katastrophe enden und scheitern, unabhängig vom Grad Ihrer Motivation und Entschlossenheit oder der Höhe des geplanten Investitionsbetrags.

Auf dem Aktienmarkt gilt diese Regel bis zum n-ten Grad, da Sie Ihr eigenes Geld in etwas investieren, das man als ein risikoreiches Glücksspiel bezeichnen könnte, und Sie spielen mit dem Feuer, wenn Sie nicht zumindest ein allgemeines Verständnis

dafür haben, wie es funktioniert. Da Erfahrung in jedem Bereich hilfreich ist, um Sie auf einen Weg in dieser bestimmten Region zu führen, ist es umso wahrscheinlicher, dass Sie von jedem Versuch, auf dem offenen Markt zu handeln, profitieren, je stärker Ihr Investitionswissen ist.

In vielerlei Hinsicht kann der Handel an der Börse mit dem Fahren verglichen werden - man muss kein Experte sein, um ein Auto zu fahren, obwohl von Ihnen ein gewisses Vorwissen über grundlegende Verkehrsgesetze erwartet wird, einschließlich Verkehrsverstöße, Sicherheitsvorschriften und andere Rechtsverstöße im Straßenverkehr, die entweder durch spezielle Studien und Kurse oder sogar durch eine Form der einfachen Bloßstellung erlernt werden (wie z.B. die Jahre, die Sie mit Ihren Eltern und anderen, die jahrelang gefahren sind). Sie sollten in der Lage sein, die grundlegenden Werkzeuge zur Navigation eines Autos zu verstehen (z.B. wo sich das Bremspedal vor dem Gaspedal befindet und wie man den Rückspiegel benutzt), auch wenn Sie noch nie ein Lenkrad berührt haben.

Dasselbe gilt für den Einstieg in die Welt der Börse. Auch wenn Sie nicht die gesamte Terminologie kennen müssen (zunächst werden Sie keine Leerverkäufe tätigen oder Ihre eigenen Long- und Short-Positionen bestimmen, so dass Sie diese Verweise nicht vollständig verstehen müssen, obwohl Sie sie kennen sollten), sollten Sie auf jeden Fall mit der grundlegenden Funktionsweise des Handels mit Aktien, Anleihen, Wertpapieren und anderen Rohstoffen vertraut sein. Und genau wie jemand am Steuer eines Autos, der sich darauf vorbereitet, zum ersten Mal das Gaspedal zu berühren, sollten Sie vorsichtig anfangen und langsam arbeiten. Ein Fahrer, der zum ersten Mal fährt, stellt die Spiegel nach Belieben ein, startet den Wagen, sucht nach störendem Verkehr und lässt das

Gaspedal los, tritt nie auf das Pedal und testet den Motor, indem er beim ersten Versuch aus der Tür geht. In ähnlicher Weise sollten Sie bei der Auswahl Ihrer ersten Investition etwas Stabiles mit geringen Schwankungen wählen und nicht einen großen Geldbetrag in dieses erste Unternehmen investieren.

Wenn eine Person das Fahren lernt, wird sie von einer anderen Person mit mehr Erfahrung begleitet, die ihr hilft, bessere Fahrentscheidungen zu treffen und Korrekturen anzubieten, die ihr helfen, das Autofahren effizienter zu lernen. Auf dem Aktienmarkt gibt es Broker und andere Experten, die Ihnen Informationen und Ratschläge geben können, damit Sie Ihr Wissen über die Rohstoffe, an denen Sie interessiert sind, weiterentwickeln und Sie im Wesentlichen zu besseren Kauf- und Verkaufsentscheidungen auf dem Aktienmarkt "anleiten" können.

Sie könnten Stunden um Stunden damit verbringen, den Aktienmarkt und seine Funktionsweise zu erforschen, zu lernen, wie man am Handel teilnimmt und an wen man sich wenden muss, um ins Spiel zu kommen, insbesondere wenn Ihr Interesse am Forex-Markt liegt, der weit über das Niveau des nationalen Aktienmarktes hinausgeht. In diesem Buch finden Sie jedoch alle grundlegenden Informationen, die Sie benötigen, um sich auf den Weg zum Handelserfolg zu machen. Die gesamte Arbeit und Forschung wurde für Sie erledigt, indem Daten und Wissen aus einer einzigen Quelle zusammengetragen wurden, aus der Sie genügend Informationen erhalten, die Sie zu einem erfolgreichen Händler auf dem offenen Markt machen. Alles, was Sie tun müssen, ist lesen, um Wissen und Weisheit zu erlangen, Schritt für Schritt, die Sie zu einem berauschenden Erfolgsniveau führen werden. In diesem eBook finden Sie alle nützlichen Informationen, die alle in einer einzigen Quelle zum einfachen Nachschlagen zusammengefasst sind.

 FOREX BIBEL

Wie die Investition funktioniert

Jedes Mal, wenn Sie Ihr Geld in einen Fonds einzahlen wollen, ist es eine gute Idee, damit zu beginnen, zu verstehen, was Sie kaufen. Der Aktienmarkt ist ein kompliziertes Gebilde, und minimale Handelsgeschäfte erfordern ein angemessenes Maß an Grundkenntnissen sowie Verständnis und Akzeptanz des hohen Risikofaktors. Je mehr Sie im Voraus über die Funktionalität des Systems wissen, desto geringer ist die Wahrscheinlichkeit, dass Sie davon betroffen sind, was in einem verheerenden Verlust enden wird.

Zunächst, und wahrscheinlich am wichtigsten im Handelsgeschäft, müssen Sie verstehen, was Aktien wirklich sind. Wenn Sie eine Aktie auf dem freien Markt kaufen

oder verkaufen, müssen Sie bedenken, dass es sich um reale Objekte handelt und nicht um Papierstücke; Sie kaufen und verkaufen reale Teile eines bestimmten Unternehmens, dessen Produkt oder eine andere Ware.

Der Besitz einer "Aktie" bedeutet, dass Sie das betreffende Unternehmen oder Produkt tatsächlich gekauft haben und Teilhaber dieser Ware geworden sind.

Natürlich könnten Sie einer der Millionen Aktionäre sein, da die meisten Unternehmen und Produkte vollständig in winzige Stücke zerlegt sind, aber Sie gelten immer noch als Investor in diesem Unternehmen oder Produkt, bis Sie Ihre Aktien verkaufen.

Stellen Sie sich vor, Sie bezahlen den Tank des Autos, das Ihre Eltern Ihnen zum Fahren gekauft haben. Möglicherweise haben Sie sogar den Ölfilter gekauft, der in das Auto eingebaut wurde, und vielleicht haben Sie

das Gefühl, dass diese Investition Sie zu einem Miteigentümer macht. Wenn wir uns jedoch die Gesamtkosten des Autos ansehen, haben wir wirklich sehr wenig zu diesem Betrag beigetragen. Solange Sie jedoch weiterhin in das Benzin des Autos investieren und sich um die Wartung kümmern, können Sie Teilbesitz am Auto beanspruchen.

Da der Wert eines Unternehmens und seiner Produkte oder Dienstleistungen ständig schwanken kann, ist der Wert der Aktien, die Sie besitzen, nicht von Tag zu Tag derselbe und kann sich manchmal sogar stündlich ändern. Wenn der Preis pro Aktie fällt und als niedrig angesehen wird, ist dies ein idealer Zeitpunkt, um zu kaufen. Dies ist der kostengünstigste Weg, Ihr Handelsunternehmen zu gründen, und die Zusammenarbeit mit einem Broker ermöglicht es Ihnen, mehr darüber zu erfahren, welche Aktien zu einem bestimmten Zeitpunkt zum Kauf reif sind.

Auf diese Weise werden Sie zu einem Aktionär, und der Wert Ihrer Immobilien wird von Tag zu Tag schwanken. Ihre Wette (und Hoffnung!) ist, dass der Wert des Unternehmens oder Produkts, in das Sie investiert haben, steigen oder von dem niedrigen Preis, zu dem Sie Ihren Kauf getätigt haben, abprallen wird. Dies ist das Ziel aller Händler und bedeutet, dass Ihre Aktien wertvoller sein werden.

Mit dem Wert Ihrer Aktien steigt auch Ihr Nettovermögen. Wenn der Kurs der in Ihrem Besitz befindlichen Aktien einen Höchststand erreicht hat, ist es an der Zeit zu verkaufen und einen Gewinn aus Ihrer ursprünglichen Investition zu erzielen. Im Idealfall verkaufen Sie Ihre Aktien immer zu einem angemessen hohen Preis als der Kaufbetrag, und Sie sollten niemals verkaufen, wenn der aktuelle Wert der Aktien unter Ihrem ursprünglichen Kaufpreis liegt. Es ist wichtig, darauf zu

achten, dass Sie nicht absichtlich einen Nettoverlust in Kauf nehmen, da es viele Gelegenheiten gibt, bei denen Sie gezwungen sein können, einen Verlust in Kauf zu nehmen.

Wenn Sie zum Beispiel Aktien eines Unternehmens für zwanzig Dollar pro Stück kaufen, sollten Sie sie niemals für achtzehn Dollar pro Stück verkaufen. Wenn möglich, wollen Sie warten, bis jede einzelne vielleicht vierzig Dollar wert ist, was im Wesentlichen eine Verdoppelung Ihres Geldes bedeutet. Natürlich ist dies nur ein Beispiel, und nicht alle Bestände werden sich im Wert verdoppeln, aber die Illustration ist signifikant.

Es gibt andere, komplexere Wege, um an der Börse zu investieren. Doch genau wie beim Radfahren lernen möchte man nicht den ersten Versuch ohne Stützräder unternehmen.

 FOREX BIBEL

Entscheidungen am Anfang treffen

Kommen wir zurück zum Fahren als Referenz. Wenn Sie anfangen zu fahren, werden Sie nicht auf die Straße gehen und das Auto mit einer Geschwindigkeit von sechzig oder siebzig Meilen pro Stunde nehmen. Stattdessen werden Sie in Wohngebieten oder zumindest auf der Zufahrtsstraße bleiben, wo weniger Druck besteht, eine so hohe Geschwindigkeit beizubehalten. Auf dem Aktienmarkt werden Sie sich auch von teuren Aktien oder extrem volatilen Anlagen fernhalten wollen, bis Sie sich mit dem Handelsprozess sehr wohl fühlen.

Es gibt kleine Investitionsmöglichkeiten, die "Penny Stocks" genannt werden, die Ihnen helfen werden, Ihre Seebeine zu testen und zu verstehen, wie der Aktienmarkt funktioniert, bevor Sie große Geldbeträge investieren und einen großen finanziellen Verlust riskieren. Diese speziellen Aktien kosten buchstäblich Pfennige oder kleine Dollarbeträge und schwanken normalerweise nur in Pfennigbruchteilen an einem bestimmten Tag, was sie für diejenigen, die gerade erst anfangen, extrem sicher macht.

Wenn Sie dies beherrschen und Markttrends besser einschätzen können, können Sie bequem in die komplizierteren und abenteuerlicheren Bereiche des Marktes vordringen. Es ist, als würde man die Stützräder vom Fahrrad nehmen oder zum ersten Mal auf die Autobahn steigen, wenn es zu einer Tageszeit keinen Verkehr gibt.

Denken Sie daran, dass Sie genauso wie Sie ein- oder zweimal vom Fahrrad fallen und einige Kratzer und Prellungen davontragen können, hier und da Geld für eine Investition

verlieren können. Dies ist sehr typisch, und Investitionen in den Aktienmarkt sind dem Glücksspiel sehr ähnlich. Beim Poker kann man nicht erwarten, jede Karte zu gewinnen, und dasselbe gilt für die Welt der Investitionen. Zu lernen, Markttrends zu beobachten, ist jedoch ähnlich, wie andere Autos zu beobachten, wenn sie in den Verkehr kommen, und die richtige Geschwindigkeit und Nähe zu anderen Autos für optimale Sicherheit zu bestimmen. Diese sorgfältige Studie kann Ihnen helfen, Ihre Statistiken in kurzer Zeit drastisch zu verbessern.

Kapitel 2: Börsentrends

Das Verstehen von Börsentrends kann Ihre Arbeit zum Geldverdienen auf dem Markt viel einfacher machen. Umgekehrt können Sie ernsthafte Verluste verursachen, wenn Sie wenig oder gar nichts über diese Trends wissen.

Stiere und Bären

Wenn Sie tiefer in den Markt eindringen und mehr darüber erfahren, wie er funktioniert, werden Sie beginnen, bestimmte Begriffe über Marketing-Trends zu hören, die sich immer und immer wieder zu wiederholen scheinen. Markttrends sind variabel und volatil, sowohl auf täglicher Basis als auch über lange Zeiträume hinweg. In der Vergangenheit gab es beispielsweise in den

Vereinigten Staaten verheerende Börsencrashs, aber aufgrund der Freiheit einer kapitalistischen Gesellschaft hat sich die US-Wirtschaft immer wieder erholt.

Was bedeutet es für den Markt oder für eine bestimmte Aktie, sich zu erholen? Geht man davon aus, dass der Wert eines Unternehmens oder seiner Aktien auf ein scheinbar uneinbringliches Niveau gesunken ist, so dass sie praktisch wertlos geworden sind, kann es sich so anfühlen, als ob dieses Unternehmen in Gefahr ist, bankrott zu gehen und völlig aus der Reichweite der freien Handelsmärkte zu fallen.

Plötzlich jedoch kann der Gründer dieses Unternehmens ein neues Produkt einführen, nach dem die Verbraucher verrückt werden. Jeder will einen, und dieses Produkt könnte zum Zeitpunkt seiner Einführung knapp werden und einen Wettlauf in die Regale der Kaufhäuser auslösen.

Wenn dies geschieht, tritt das Gesetz von Angebot und Nachfrage in Kraft und macht das Unternehmen wieder wertvoll. Der Kurs der Aktien dieses Unternehmens wird sich erholen, und der daraus resultierende Wertzuwachs würde als Rebound betrachtet werden - eine Rückkehr zum ursprünglichen Zustand (oder besser) vor dem verheerenden Verlust.

Die Markttrends sind nach oben oder unten gerichtet, und es gibt spezifische Hinweise auf starke Veränderungen der Marktwerte, die Sie vielleicht oft hören. Wenn mehrere verschiedene Bereiche des Marktes stark rückläufig sind und die Werte rasch fallen (vielleicht sogar zehn oder zwanzig Prozent in wenigen Tagen), spricht man von einem Bärenmarkt. Sie können sich an diesen Hinweis erinnern, dass Sie sich in der äusserst gefährlichen Lage befinden, von einem Bären gejagt zu werden - wenn Sie im Besitz mehrerer Aktien oder anderer

Rohstoffe sind, die eine gute Summe wert sind, haben Sie eine ernsthafte Chance, eine grosse Menge an Wert zu verlieren, was sich in einem Verlust des Nettovermögens niederschlagen könnte, wenn Sie sich zum Verkauf entschliessen, und es kann eine ähnliche, sehr gefährliche Situation sein.

In diesen Fällen ist es am besten, zu verkaufen, bevor die Preise unter Ihren ursprünglichen Kaufpreis fallen, oder die Aktie zu halten, bis sich der Markt erholt. Wenn die Baisse jedoch einen Tiefpunkt erreicht hat, kann dies ein idealer Zeitpunkt sein, um ins Spiel zu kommen, da die Preise selten unter diesen Punkt fallen. Wenn man also geduldig darauf wartet, dass sich der Markt erholt oder erholt, kann man aus einer Baisse viel Geld herausholen. Diese Optionen werden in späteren Kapiteln weiter erörtert.

Gleichzeitig ist ein Haussemarkt für viele Aktien ein starker allgemeiner

Aufwärtstrend. Man kann es mit dem alljährlichen Stierrennen in Pamplona, Spanien, vergleichen. Sie sind sicherer, wenn Sie sich zum Zeitpunkt des Rennens im Haus befinden, und aus dem gleichen Grund sind Sie, wenn Sie während einer Hausse Aktien halten, in einer privilegierten Position, um Ihren Nettowert zu erhöhen und Ihre Aktien zu verkaufen und damit viel Geld zu verdienen. Dies ist eine weitere Idee, die später in diesem eBook ausführlicher behandelt werden soll.

Markt-Perspektiven

Indem Sie verschiedene Änderungen im Status der verschiedenen verfügbaren Aktienoptionen zur Kenntnis nehmen, werden Sie lernen, frühe Markttrends zu erkennen, die Ihnen einen Hinweis auf die Zukunft eines bestimmten Rohstoffs geben, und dies kann Ihre Rentabilitätschancen nur erhöhen. Die Vorhersage ist ein wichtiger Teil des Spiels bei der Arbeit an der Börse, da man nie ganz sicher sein kann, in welche Richtung sich der Markt zu einem bestimmten Zeitpunkt bewegen wird.

Sie können jedoch eine fundierte Vermutung anstellen, so wie ein Meteorologe das Wetter vorhersagt. Obwohl er oder sie nicht zu 100 % richtig liegt, ist die Vorhersage in der Regel recht nahe am tatsächlichen Wetterergebnis, da der Wetterfrosch ein Wissenschaftler ist, der Wettertrends studiert hat und die Details herausfinden kann, die zu dieser fundierten Vermutung beitragen. Mit ein wenig Zeit und Erfahrung kann das gleiche Niveau an Fachwissen und Intuition innerhalb des Aktienmarktes erreicht werden.

Sobald Sie sich wohler fühlen, in der gleichen Welt wie Börsenmakler und Daytrader zu agieren, und wenn Sie sich sicher (oder zumindest nervös oder unbehaglich) fühlen, solch wichtige finanzielle Entscheidungen zu treffen, könnten Sie sich entscheiden, in den Devisenmarkt (besser bekannt als Forex) einzusteigen, und das Ziel dieses Buches ist es, Sie darauf vorzubereiten, innerhalb der Grenzen dieses komplexeren Gebildes zu handeln. Im Folgenden werden wir einige der Eigenschaften des Forex erörtern und erörtern, wie komplex diese Handelseinheit im Vergleich zu einem normalen nationalen Markt sein kann.

Der Devisenmarkt ist unglaublich volatil, und es gibt viel mehr Faktoren, die bei der Auftragserteilung auf diesem Markt als auf einem inländischen Markt zu berücksichtigen sind.

Das folgende Kapitel ist eine Einführung in die aufregende und etwas beängstigende Welt des Forex-Marktes, oder Forex.

Kapitel 3: Eine Einführung in Forex

Forex ist der Spitzname für den Devisenmarkt. In den Vereinigten Staaten gibt es mehrere Zweige des Aktienmarktes, jeder mit seinem eigenen Namen. Einige Aktien sind zum Beispiel am Dow Jones gelistet, andere an der Nasdaq. Natürlich finden alle Aktientransaktionen in den Vereinigten Staaten an der New Yorker Börse (NYSE) statt. Dasselbe gilt für andere Länder. Es kann einen oder mehrere verschiedene Märkte geben.

Der internationale Handel findet jedoch auf dem Markt statt, der als Devisenmarkt oder Forex bezeichnet wird. Mehrere Länder auf der ganzen Welt in fast jeder Zeitzone nehmen am Devisenhandel teil, wobei mehrere Währungen verwendet und Aktien und Rohstoffe aus allen teilnehmenden Ländern zum Handel angeboten werden. Da so viele Nationen und Zeitzonen involviert sind, funktioniert der Forex nicht wie die meisten nationalen Aktienmärkte als "Werktag"-Einheit. Es ist 24 Stunden am Tag und 5 Tage in der Woche für den Handel geöffnet.

Natürlich erhöhen diese zusätzlichen Stunden den Risikofaktor für diejenigen unter uns, die menschlich sind, sehr stark, und natürlich können wir unsere Investitionen nicht 24 Stunden am Tag überwachen. Das bedeutet, dass der Wert Ihrer Immobilien über Nacht, während Sie schlafen, in den Keller fallen könnte, weil andere Länder noch immer Handel treiben, während Sie sich in einer Traumwelt befinden. Nochmals, es ist wie bei einem Auto - es gibt viele bewegliche Teile unter der Motorhaube, und nur weil man sie nicht sehen kann, heißt das nicht, dass sie nicht funktionieren.

Dies ist einer der Gründe, warum es mehrere Sicherheitsoptionen gibt, wie z.B. Limit-Orders, auf die wir später noch eingehen werden. Dies ist auch der Grund, warum es dringend empfohlen wird, dass Ihre ersten Versuche, an der Börse Geld zu verdienen, nicht Transaktionen sein sollten, die auf dem Devisenmarkt stattfinden, sondern auf einem inländischen Standard-Neun-zu-Fünf-Handelsmarkt. In unserer Autoanalogie wäre dies vergleichbar damit, jemanden, der noch nie ein Auto gefahren ist oder gar das Öl in einem Auto gewechselt hat, zu bitten, den Motor neu zu bauen.

Forex-Funktionalität

Während die Funktionsweise des Forex die gleiche ist wie die einer inländischen Börse, sind Rohstoffe und Preise volatiler, und es gibt neben den typischen Risiken, die mit einem inländischen Markt verbunden sind, noch weitere Faktoren zu berücksichtigen. Sie müssen sich nicht nur mit dem Wert Ihrer Aktien und Ihrer Währung auseinandersetzen, sondern auch mit den Fremdwährungen, die an einem Devisenhandel oder -umtausch beteiligt sind, sowie mit Unstimmigkeiten bei den Werten bestimmter Waren und Dienstleistungen über internationale Grenzen hinweg. Es ist, als würde man ein Auto mit einem Standardgetriebe anstelle eines Automatikgetriebes fahren.

An der innenpolitischen Front wird die Arbeit in erster Linie für Sie erledigt, und Sie müssen nur navigieren, wie bei einem Automatikgetriebe. Das Wechseln der Gänge ist jedoch sehr ähnlich, als ob man ständig an der Währungsumstellung teilnehmen müsste.

Es kann ablenkend wirken, und es erschwert sicherlich das Fahren.

Da die finanzielle Situation vieler Länder nicht so sicher ist wie die der Vereinigten Staaten, kann dies ein erhebliches Problem bei der Entscheidung darstellen, wo Sie Ihr Geld investieren und was Sie auf dem internationalen Markt erwarten können. Zu wissen, welche Länder und Währungen am Devisenhandel beteiligt sind, kann Ihnen helfen, indem es Ihnen ermöglicht, die finanzielle Situation in den Ländern, mit denen Sie in Kontakt treten werden, genauer zu beobachten.

Die Geschichte des Forex

Als der Außenhandel begann, war er kein internationaler Handelsmarkt. Dies ergibt sich aus dem Abkommen von Bretton Woods von 1944, in dem festgelegt wurde, dass Fremdwährungen gegenüber dem Dollar, der

mit 35 $ pro Unze Gold bewertet wurde, fixiert werden. Dieser Präzedenzfall wurde erstmals 1967 in die Praxis umgesetzt, als eine Bank in Chicago die Finanzierung eines Darlehens an einen Professor in Pfund Sterling verweigerte. Natürlich war es ihre Absicht, die Währung, die sie für zu hoch gegenüber dem Dollar hielten, zu verkaufen und sie dann wieder zurückzukaufen, wenn der Wert gefallen war, um einen schnellen Gewinn zu erzielen.

Nach 1971, als der Dollar nicht mehr in Gold konvertierbar war und der Inlandsmarkt stärker wurde, wurde das Bretton-Woods-Abkommen aufgegeben, und der Währungsumrechnungsprozess wurde variabler.

Dies ermöglichte eine größere Unterstützung auf ausländischen Märkten, und die Vereinigten Staaten und Europa begannen eine starke Handelsbeziehung. In den 1980er Jahren wurde die Marktzeitplanung und -nutzung durch den Einsatz von Computern und Technologie auch auf die asiatischen Zeitzonen ausgedehnt. Zu dieser Zeit beliefen sich die Devisen auf etwa 70 Milliarden Dollar pro Tag.

Heute, rund zwanzig Jahre später, ist das Handelsvolumen mit umgerechnet etwa 1,5 Billionen Dollar pro Tag in die Höhe geschnellt.

Ursprünglich war der Handel über internationale Grenzen hinweg schwieriger, da mehrere verschiedene Währungen in ganz Europa beteiligt waren. Obwohl die Hauptakteure auf dem europäischen Markt stark involviert waren und zu dem Zeitpunkt, als andere Märkte hinzukamen, bereits Veteranen des internationalen

Handels waren, gab es mehr Währungen zu verfolgen - den Franken, das Pfund, die Lira und viele mehr - als vernünftig war. Mit der Gründung der Europäischen Union im Jahr 1992 wurde der Grundstein für eine einheitliche Währung gelegt, die im größten Teil Europas verwendet werden sollte, und 1999 wurde der Euro schließlich eingeführt und in Umlauf gebracht.

Forex heute

Obwohl einige Länder die Währung noch nicht als ihre eigene akzeptiert haben (wie z.B. Großbritannien, das immer noch das Pfund Sterling verwendet), wurde der Währungsumrechnungsprozess vereinfacht, ohne die große Anzahl verschiedener Währungen, die zuvor diskutiert wurden. Statt in Dutzenden von Währungen handeln die großen Länder in fünf: US-Dollar, australische Dollar, Pfund Sterling, Euro und japanischer Yen.

Heute ist der Devisenmarkt international und global. Der Markt ist 24 Stunden am Tag und 5 Tage in der Woche geöffnet, um allen Zeitzonen der großen Akteure gerecht zu werden.

Dazu gehören inzwischen die meisten Märkte in Europa, den Vereinigten Staaten und Asien, insbesondere Japan. Sogar Australien hat sich den internationalen Handelsmärkten angeschlossen, und da solche Nationen auf der anderen Seite der Welt liegen wie einige der anderen großen Akteure, müssen natürlich Zeitzonen berücksichtigt werden.

Ein weiteres völlig anderes, aber vielleicht noch wichtigeres Anliegen beim Devisenhandel ist das Verständnis der Funktionsweise des Mehrwährungshandels: Wie kann man den Wert einer Aktie über internationale Linien hinweg vergleichen, wenn die Werte in zwei verschiedenen und nicht gleichwertigen Währungen ausgedrückt werden, und wie misst man Gewinn und Verlust, wenn sich der Umrechnungskurs ständig ändert?

 FOREX BIBEL

Kapitel 4: Grundlegendes zur Währungsumrechnung

Wenn Sie mit dem Handel auf dem Forex beginnen, müssen Sie lernen, wie man Währungen umrechnet und den Unterschied in den Werten bemerken, und Sie müssen lernen, wie Währungen zwischen internationalen Linien ausgetauscht werden. Das bedeutet, dass nicht nur die Trends des Inlandsmarktes und der Währungswerte, sondern auch die der ausländischen Märkte untersucht werden müssen.

Arbeiten mit mehreren Währungen

Da Forex der Devisenmarkt ist, können Sie natürlich nicht erwarten, dass jeder auf dem Markt mit US-Dollar handelt (und warum nicht, werden Sie vielleicht fragen, aber denken Sie daran, dass nicht jeder den US-Dollar begehrt). Bei so vielen Variablen und volatilen Währungen, die gehandelt werden, wie kann man einen guten Kauf oder Verkauf erkennen, wenn man eine sieht, ohne den Wert der Fremdwährung vollständig zu kennen?

Der erste Schritt besteht darin, eine Quelle zu finden, die Ihnen einen grundlegenden Überblick über den aktuellen Wechselkurs zwischen Ihrer Heimatwährung und der betreffenden Fremdwährung gibt. Sie sollten dies als Grundliste für jede Währung tun, mit der Sie möglicherweise zu tun haben. Natürlich wird dies nicht auf den Pfennig oder Bruchteil einer bestimmten Währung während eines ganzen Geschäftstages abgestimmt sein, aber zumindest werden Sie Ihren Ausgangspunkt haben, von dem aus Sie beginnen können, fast wie der Norden auf einem Kompass. Diese Quellen sind überall im Internet sowie über viele

Vermittler, sowohl online als auch persönlich, zu finden.

Währungsausdruck

Es ist auch gut, die Mittel zu verstehen, mit denen die Währungsumrechnung ausgedrückt wird. Der Vergleich wird in der Regel in einem Verhältnis vorgenommen, das als Cross-Rate bezeichnet wird. In dieser Konfiguration werden die beiden Währungen im Verhältnis XXX/YYYYY aufgelistet, wobei die Position XXX als Basiswährung bezeichnet wird. Die Basiswährung wird im Allgemeinen als ganze Zahl ausgedrückt, während der Posten YYY als die Dezimalstelle ausgedrückt wird, die dem Wechselkurs der Basiswährung am nächsten kommt. Es ist, als würde man sich auf Meilen pro Gallone oder Umdrehungen pro Minute in einem Auto beziehen - ein direkter Vergleich von einem zum anderen in Form eines Verhältnisses.

Der kleinste Bruchteil, oder Dezimalbruch, zu dem eine Münze gehandelt werden kann, wird als Pip bezeichnet, und dies ist normalerweise der Grad, in dem ein Kreuzkurs ausgedrückt wird. Wenn beispielsweise das britische Pfund Sterling in Tausendsteln gehandelt werden kann, wird die Währung auf die dritte Dezimalstelle ausgedrückt. Der US-Dollar wird oft auf ein Hundertstel Cent (die vierte Dezimalstelle) angegeben.

In einem Beispiel für einen Cross-Rate-Ausdruck kann ein US-Dollar 117.456 japanischen Yen entsprechen. Dieses Verhältnis würde mit 1.000/117.456 angegeben werden. Die Basiswährung wird fast immer in einer einzigen Einheit ausgedrückt (wie in einem Dollar gegenüber zehn Dollar), und oft ist diese Maßeinheit der US-Dollar. Da sich der Gesamtwert der Zahl (oder großen Zahl, wie sie genannt wird) der Sekundärwährung oder der Währung in der

 FOREX BIBEL

YYYY-Position in Bezug auf die Umrechnung so selten ändert, wird auf dem Devisenmarkt oft nur der dezimale Teil der Zahl genannt.

Daher kann es sein, dass der Yen in dem oben genannten Verhältnis mit 0,456 notiert wird, ohne überhaupt die insgesamt 117 Yen zu erwähnen, die in dem Verhältnis angegeben sind. Dies liegt daran, dass der Wechselkurs von 117,456 bis 117,423, nicht aber bis 119,024 variieren kann. Eine Veränderung der großen Zahl - der ganzen Zahl vor dem Komma - zu erfahren, es sei denn, es liegt nur daran, dass die Zahl bereits innerhalb weniger Tausendstel liegt, würde für eine einzige Handelsperiode eine zu große Wertveränderung darstellen und wäre ein seltenes Ereignis, das den gesamten Markt zu einer drastischen Veränderung in der einen oder anderen Richtung veranlassen könnte.

Die gebräuchlichsten Währungen im Devisenhandel sind der US-Dollar, das britische Pfund, der Euro, der japanische Yen und der australische Dollar. In der Vergangenheit hätte es viel mehr Währungen zu verfolgen gegeben (wie den Franken, die Lira oder die Deutsche Mark). Mit der Konsolidierung des größten Teils des europäischen Devisenhandels gegenüber dem Euro wurden jedoch viele Währungen abgeschafft, wodurch der Devisenhandel für andere Länder weniger kompliziert wurde.

Wenn Sie eine Ware in einer bestimmten Währung kaufen und der Wert dieser Währung gegenüber dem US-Dollar sinkt, können Sie tatsächlich Geld verdienen, indem Sie die gleiche Ware in Dollar verkaufen. Dasselbe geschieht umgekehrt, wenn der Wert einer ausländischen Währung gegenüber dem US-Dollar steigt. Natürlich können Sie eine solche Situation nur dann ausnutzen, wenn die Ware in beiden Währungen und auf beiden betroffenen Märkten gehandelt wird. Wir werden diesen

Prozess sowie andere Möglichkeiten zur Nutzung der Vorteile des Devisenmarktes (wie z.B. Arbitrage) in künftigen Kapiteln ausführlicher diskutieren.

Sobald Sie in der Lage sind, einen Basiswert für jede bestimmte Währung und ihren Umrechnungskurs im Vergleich zu anderen auf dem Forex gehandelten Währungen zu erkennen, können Sie die Änderung der Währungsumrechnung, einschließlich ihrer Inkonsistenz und Volatilität, genauer überwachen.

Solche Ideen werden Ihnen nicht so "merkwürdig" erscheinen, und Sie sind sich dessen bewusst und zusammen mit den Fachleuten gut informiert. Sie müssen dann lernen, zusätzliche Markttrends zu lesen, zu verstehen und schließlich zu interpretieren.

Forex-Trend

Wenn Sie den Charts folgen, den Rat von Marktanalysten und Grafikern hören und lernen, fundierte Vorhersagen zu treffen, können Sie verschiedene Marketing-Trends verfolgen. Im nächsten Kapitel erfahren Sie mehr darüber, wie Sie die veröffentlichten Statistiken nutzen können, um die nächste Bewegung auf dem Aktienmarkt vorherzusagen: Wird es ein klarer, ruhiger Tag mit wenig Aktivität werden, oder braut sich ein Sturm mit Wind der Veränderung und Unsicherheit zusammen? Wie können Sie wissen, was am nächsten Tag oder sogar später mit Ihren Immobilien passieren wird?

Wenn man einfach lernt, Markttrends zu lesen, kann man eine Menge natürlicher Ängste und Unsicherheiten für beginnende Händler beseitigen. Tatsächlich ist es manchmal der beste erste Schritt zum Markteintritt, sich Sendungen darüber anzusehen oder die Finanzabschnitte der Zeitung zu lesen, in denen Trends und erwartete Ergebnisse ausführlich beschrieben werden. Im nächsten Kapitel wird näher erläutert, wie grundlegende Statistiken und Trends zu interpretieren sind.

 FOREX BIBEL

Kapitel 5: Grundlegendes zur Statistik

Er hat sich inzwischen mit den Funktionsweisen des Aktienmarktes vertraut gemacht und versteht bis zu einem gewissen Grad, was der Handel auf dem Devisenmarkt beinhaltet. Jetzt möchten Sie wissen, wie Sie Markttrends messen können, um von Ihrem Geschäft auf dem offenen Markt zu profitieren. Es geht nicht mehr um Pfennigbeträge oder Spielplatzspiele. Sie wollen das echte Ding.

Der Name des Spiels ist Statistik, und die erste Regel lautet, dass man sich bewusst sein sollte, dass es auf dem Aktienmarkt keine sichere Sache gibt. Auch wenn Sie sich zu keinem Zeitpunkt hundertprozentig sicher sein können, was als nächstes auf dem Markt als Ganzes geschieht, werden Sie durch die Fähigkeit, die Statistiken zu lesen und zu interpretieren, die Nase vorn haben, wenn es darum geht, zu "erraten", was als nächstes passieren wird.

Investieren ist dem Glücksspiel sehr ähnlich. Wenn Sie den Überblick über die bereits gespielten Karten behalten können, sind Sie statistisch gesehen besser darüber informiert, was wahrscheinlich als nächstes passieren wird, was bedeutet, dass Sie mit mehr Einsicht anstiften können als jemand, der keine Ahnung hat, was bereits gespielt wurde. Wenn Sie bei geöffnetem Markt über Informationen darüber verfügen, was in den vergangenen Tagen, Monaten oder sogar Jahren bereits geschehen ist, sind Sie wieder in einer besseren Position, um logischer schließen zu können, was als nächstes passieren wird. Man lernt einfach das Muster, folgt ihm bis zum Ende und erntet die finanzielle Belohnung.

Diagramme und Grafiken

Warten Sie, Sie dachten, Sie müssten die Vergangenheit des Marktes ganz allein erforschen und verfolgen? Natürlich nicht! Es gibt Menschen, die für diese Art von Arbeit bezahlt werden. Sie überwachen den Markt stunden-, tage-, wochen-, monats- und jahresweise, so dass sie den großen Händlern das gleiche Wissen wie oben erwähnt zur Verfügung stellen können. Je mehr eine Investmentgesellschaft über den Markt weiß, desto mehr Geld kann sie verdienen. Dasselbe gilt für Makler. Sie verdienen Geld, wenn Sie Geld verdienen, und sie wollen ihr Bestes tun, um sicherzustellen, dass Sie kluge Entscheidungen treffen.

Das Beste daran ist, dass Sie Zugang zu den gleichen Informationen haben wie diese VIP-Kunden. Chartisten, bei denen es sich im Wesentlichen um Marktanalysten handelt, die ihre Ergebnisse in leicht lesbaren Diagrammen veröffentlichen, erstellen ein so genanntes Kerzendiagramm. Diese Diagramme sind im Grunde eine Kombination aus einem Linien- und einem Balkendiagramm, die den Trend verschiedener Aktien, Indizes oder anderer Interessen über einen bestimmten Zeitraum zeigen. Daher können Sie leicht feststellen, ob sich der Rohstoff in einem Aufwärtstrend oder in einem Abschwung befindet, wann die letzte größere Veränderung eingetreten ist und wie lange die Aktie oder Anleihe voraussichtlich noch auf ihrem derzeitigen Weg bleibt.

Tatsächlich können Informationen über die meisten Rohstoffe und ihre Markttrends für die vergangenen Jahre und einige sogar seit ihrer Einführung in den offenen Markt gefunden werden. Die Verwendung dieser Informationen kann Ihnen bei der Entscheidung helfen, ob es eine gute Idee ist, die Aktien oder Wertpapiere, an denen Sie interessiert sind, zu kaufen oder zu verkaufen, oder ob es besser ist, auf einen Höhepunkt des Markttrends zu warten.

Markttrends verstehen

Es ist verständlich, dass sich der Wert der verschiedenen Waren mit der Veränderung der Wirtschaften verändern kann. Denn wenn eine Wirtschaft stark und blühend ist, ist eine Nation reicher und hat mehr Kaufkraft. Mit dieser Macht geht ein höherer Wert für die gekauften Gegenstände einher. Mit anderen Worten: Wenn die Menschen mehr Geld ausgeben können und einen größeren Teil dieses Geldes in Walmart-Geschäften ausgeben, wird sich der Wert des Walmart-Bestands bei Walmart beträchtlich vervielfachen. Deshalb werden die Aktionäre in Bezug auf ihr Vermögen reicher, einfach weil die Käufer den Markt mit ihrer Kaufkraft antreiben. Wenn die Aktionäre reich sind und der Wert ihres Eigentums steigt, kaufen sie weiterhin Aktien, was wiederum die Wirtschaft antreibt. Ein starker Aufwärtstrend am Aktienmarkt ist ein hervorragendes Zeichen für jede Volkswirtschaft.

Es gibt jedoch auch Dinge, die sich negativ auf den Markt auswirken und den Wert der Aktien in den Keller stürzen lassen. Zum Beispiel wirkt sich ein Krieg selten positiv auf den Aktienmarkt aus. Am 11. September 2001, als Terroristen das World Trade Center in New York City angriffen, brach die Wirtschaft der Vereinigten Staaten dramatisch zusammen und die Nation drohte in eine Depression zu geraten. Einige Analysten waren sich sicher, dass es sich nie richtig erholen würde. Dasselbe geschieht in der Regel jedes Mal, wenn es innerhalb einer Nation einen Angriff oder eine Kriegshandlung gibt. Die Kritiker erwiesen sich jedoch als falsch, und die Vereinigten

Staaten erholen sich von einem schlechten Abwärtstrend oder erholen sich stark. Diese rasche Erholung war hauptsächlich darauf zurückzuführen, dass die Menschen in den Vereinigten Staaten weiterhin Druck ausübten und ausgaben, wodurch Geld und Reichtum wieder in die Wirtschaft zurückgedrängt wurden. Indem Sie die Reaktion des Aktienmarktes beobachten, können Sie lernen, Trends auf der Grundlage von Weltereignissen zu lesen.

Die Ölpreise beeinflussen in der Regel auch den Aktienmarkt. Vor allem auf dem Devisenmarkt werden Sie feststellen, dass die Trends von vielen aktuellen Ereignissen abhängen.

Sie werden auch feststellen, dass der Hauptwert (oder Nennwert) einer Währung im Laufe der Zeit von einer Nation im Hinblick auf die Währungsumrechnung absichtlich revidiert werden kann. Dies wird als Abwertung bezeichnet, auf die im nächsten Kapitel ausführlicher eingegangen wird.

Kapitel 6: Währungsvolatilität und Markterwartungen

Volatilität oder die Tendenz zu Schwankungen, die sich auf Ihre Gewinne auf dem Aktienmarkt auswirken können, ist typisch für einen inländischen Markt, aber noch offensichtlicher und viel stärker auf dem Devisenmarkt. Welche Faktoren beeinflussen den Wert der Währung auf dem Devisenmarkt, und gibt es eine Möglichkeit, dies zu kontrollieren?

Abwertung und Aufwertung

Wie im vorigen Kapitel erwähnt, bezieht sich die Abwertung auf die absichtliche

Verringerung des Wertes einer Währung im Verhältnis zu anderen Währungen, die von einer Regierungsstelle in Rechnung gestellt wird. Wenn zum Beispiel der US-Dollar zehn Einheiten einer Fremdwährung wert ist, die dann um zehn Prozent abgewertet wird, entspricht der US-Dollar jetzt nur noch neun Einheiten der Fremdwährung. Dies verteuert alle in Fremdwährung gekauften Artikel für diejenigen, die in US-Dollar handeln, da der Wechselkurs niedriger ist. Es macht auch den Handel mit Waren im Ausland in US-Dollar billiger.

Es kann auch eine gegenteilige Wertveränderung eintreten, die den Wert der ausländischen Währung erhöht. Dies wird Neubewertung genannt. Auch wenn es den Anschein haben mag, dass die absichtliche Anpassung des Wertes der Währung eines Landes "Betrug" ist oder ein unfairer Vorteil, indem man ausländische Waren billiger einkauft und den Wert der Exporte erhöht, so gibt es doch Vorschriften, um

Wechselkursmanipulationen für solche Zwecke zu verhindern. Das Schreiben des IWF (Internationaler Währungsfonds) trägt dazu bei, solche Ereignisse zu verbieten und die Politik durchzusetzen.

Es gibt Möglichkeiten, die Vorteile von Abwertung und Aufwertung zu nutzen, die später erörtert werden. Was passiert jedoch, wenn sich der Wert einer Fremdwährung aufgrund von Marktschwankungen und nicht aufgrund von absichtlichen Verringerungen oder Erhöhungen durch eine Bundesregierung oder eine Bundesbank ändert? Welche Auswirkungen haben Auf- und Abwertungen auf den Aktienmarkt?

Aufwertung und Abschreibung

Die Abschreibung kann leicht mit der Lebensdauer eines Autos in Verbindung gebracht werden. Sobald Sie ein neues Auto vom Parkplatz fahren, wird der Wert um fast die Hälfte reduziert. Dies ist eine extreme Wertminderung. In den nächsten Jahren verliert das Auto jedoch weiter an Wert, und zwar in einem allmählicheren Tempo. Dies wird auch als Abschreibung betrachtet.

Währungsaufwertung und -abwertung sind Wertveränderungen der Währung, die durch Marktkräfte und nicht durch ein Mandat der Regierung angetrieben werden. So kündigte beispielsweise die russische Zentralbank 1998 in einem Versuch, bestimmte Kredite zurückzuzahlen, die bevorstehende Abwertung des Rubels an. Der Wechselkurs, der derzeit sechs Rubel gegenüber dem US-Dollar beträgt, würde sich im Laufe der Zeit auf 9,5 Rubel gegenüber dem US-Dollar ändern, was einer Abwertung von 34% entspricht.

Vor der Wende herrschte jedoch in der ehemals kommunistischen Nation eine weit verbreitete Panik, und der Wert des Rubels fiel, weil viele Menschen in Russland sich dafür entschieden, vor Fälligkeit mit seinen Wertpapieren zu handeln. Innerhalb eines einzigen Tages nach der Ankündigung wertete der russische Rubel um schwindelerregende 25% ab.

Die gleiche Art von Krise ereignete sich in den 1920er Jahren mit dem Fall des US-Aktienmarktes. Zu dieser Zeit brach im ganzen Land Panik aus, und die Menschen eilten zu den Banken, um Bargeld abzuheben, das nicht verfügbar war, oder um mit nicht fälligen Wertpapieren und Aktienoptionen zu handeln. Indem sie zur Bank rannten, verursachten Menschen den Unfall, anstatt zu fliehen.

Auf der anderen Seite der Medaille schafft eine zu rasche Aufwertung ein Land für die Inflation oder eine Erhöhung des Einzelhandelswerts der an die Öffentlichkeit verkauften Produkte auf der Grundlage der Bewertung der Währung. Es stimmt zwar, dass Inflation auftreten wird, aber sie kann durch eine Währungsbewertung minimal abgemildert werden.

Die Wertschätzung kann sich auch auf ein Fahrzeug beziehen. Männer haben oft Spaß daran, alte Autos zu nehmen und sie in ihrer ursprünglichen Schönheit zu restaurieren. Dadurch erhöhen sie den Wert des Fahrzeugs dramatisch oder schätzen es.

Die sich ständig ändernden Wechselkurse bei der Währungsumrechnung und die Volatilität des Marktes schaffen ein inhärentes Marktrisiko oder ein tägliches Potential für Verluste aufgrund schwankender Aktienkurse. Es gibt keine Möglichkeit, diese Art von Risiko zu diversifizieren, da es sich immer bis zu einem gewissen Grad auf die Investition auswirken wird. Einige Risiken können jedoch durch bestimmte Arten von Investitionen oder

Investitionsformen ausgeglichen werden, die sicherer oder sicherer sind.

In weiteren Kapiteln werden wir uns mit Long- und Short-Positionen, Leerverkäufen, Stop-Orders und anderen Möglichkeiten zum Schutz Ihrer Investitionen vor drastischen Verlusten befassen. Zu diesen Optionen gehören die Möglichkeit, den Kauf- oder Verkaufspreis einer bestimmten Ware voreinzustellen, sowie die Verwendung mehrerer Ebenen von Auftragsvoreinstellungen, um vollständige Aufträge und Transaktionen zu platzieren.

Lassen Sie sich natürlich nicht täuschen, dass Sie alle möglichen Risikofaktoren auf dem Markt loswerden können. Es hängt immer eine Wolke über Ihrem Kopf, die darauf wartet, zu zerreißen, und alles, was es braucht, ist ein kleiner Kneifer. Man muss immer vorsichtig sein, auch wenn die Idee,

an der Börse zu spielen, Gefahren und Aufregung in sich birgt. Das nächste Kapitel wird Ihnen helfen, die Realität zu verstehen und zu verstehen, was es bedeutet, Ihren Risikofaktor mit einer Basis in der Realität in Einklang zu bringen; Ihr Ego mit Ihrer Identität.

Kapitel 7: Aspekte des Handels

Sie kennen sich nun mit der Funktionsweise von Börsen aus und haben beschlossen, dass Sie bereit sind, die damit verbundenen Risikofaktoren zu akzeptieren. Sie möchten jedoch so viel wie möglich über die Abwägung dieses Risikos mit intelligenten Investitionsoptionen wissen. Wie können Sie sicher sein, dass die Risiken, die Sie eingehen, langfristig eher lohnend als destruktiv sind?

Lang und kurz

Einer der wichtigsten Aspekte des Geldverdienens am Aktienmarkt ist die Bestimmung der eigenen Position. Die Long-Position ist im Grunde die Kaufposition - Sie sind dabei, eine langfristige Verpflichtung zum Besitz einer Aktie, eines Wertpapiers oder eines anderen gehandelten Rohstoffs einzugehen. Die Short-Position hingegen ist die Verkaufsposition - Sie werden bald die gleiche Art von Eigentum und jegliche Verantwortung dafür haben.

Die beste Zeit für eine Long-Position ist, wenn die Aktienkurse niedrig sind. Dies ermöglicht Ihnen den Markteintritt zu einem vernünftigen Preis und erhöht Ihre Rentabilitätschancen, wenn die Preise für neue Angebote steigen und ältere Investitionsoptionen sich wieder erholen oder zurückspringen. Da andere die Long-Position einnehmen und zur gleichen Zeit wie Sie kaufen, wird der Wert der Aktie durch die Standardregel von Angebot und Nachfrage steigen, was den Beginn eines möglicherweise bull market" auslöst.

Sie können dies mit dem Monatsende in einem Autohaus gleichsetzen. Die Preise tendieren dazu, für jedes auf dem Verkaufsgelände verbleibende Auto zu fallen, und der Händler ist öfter bereit zu handeln, weil er weniger Bestand auf dem Gelände haben möchte. Ähnlich verhält es sich bei niedrigen Aktienkursen, wenn einige Leute Angst bekommen und alle ihre Besitztümer zu diesen niedrigen Preisen aufgeben, weil sie denken, dass ihre Aktien ihren Wert niemals wiedererlangen werden. Dies kann Ihnen nur helfen.

Wenn die Preise hoch sind, ist es wahrscheinlich an der Zeit, umzukehren und Ihre Aktien gewinnbringend zu verkaufen, ohne dabei etwas an nicht realisierten Gewinnen zu verlieren (Gewinne, die nicht zu den liquiden Mitteln oder Bargeld gezählt werden können, weil sie noch in eine volatile Aktienoption investiert sind). Sie sollten niemals zu einem Preis verkaufen, der unter Ihren Kosten liegt, da dies zu einem negativen Eigenkapital und einem Verlust von Mitteln führt. Sie sollten immer mit so viel Gewinn verkaufen, wie Sie sich sicher fühlen.

Mit anderen Worten: Wenn Sie eine Aktie zu fünfzehn Dollar pro Aktie kaufen und diese schnell auf fünfundzwanzig Dollar pro Aktie steigt, können Sie sich durchaus vorstellen, dass Sie in einer Woche dreißig Dollar pro Aktie erreichen könnten. Sie müssen jedoch feststellen, ob Sie bereit sind, den Verlust Ihres bereits versicherten Verdienstes von zehn Dollar pro Aktie zu riskieren, um so lange zu warten, falls der Kurs tatsächlich fallen sollte, damit Sie sich entscheiden können, zu dem derzeit hohen Preis zu verkaufen.

Market Maker und Leerverkäufe

Was ist, wenn der Wert der Aktie unglaublich hoch steigt, Sie aber nicht in dieses bestimmte Produkt eingestiegen sind und Sie keine Aktien besitzen? Ihr erster

Schritt sollte darin bestehen, einen Market Maker zu besuchen oder ein Geschäft mit einem Makler für einen Leerverkauf abzuschließen. Ein Market Maker ist buchstäblich ein Börsenmakler, der eine bestimmte Menge an Multi-Aktien oder Aktien kauft und vorrätig hält, die in einer Zeit gekauft werden, in der die Marktkurse niedrig sind.

Das Unternehmen dreht sich dann um und verkauft diese Aktien zu diesem niedrigen Preis an eine Einzelperson, unabhängig vom Marktkurs, und schafft sich so seinen eigenen Markt (daher der Name). Die Person, die von der Firma kauft, kann die Waren sofort auf dem freien Markt zu einem höheren Zinssatz verkaufen, wodurch sie oder er in kurzer Zeit unglaublich viel Gewinn erzielen kann.

Ein Leerverkauf ist eine weitere Option für einen schnellen Gewinn. In diesem Szenario leihen Sie eine bestimmte Anzahl von Aktien von einem Makler aus, um sie bei hohem Marktwert zu verkaufen. Ihre Aufgabe besteht darin, auf einen Kursrückgang zu warten, die gleiche Menge an Aktien zu kaufen und die Aktien an den Makler zurückzugeben, wobei Sie den Gewinn aus dem Verkauf abzüglich der Maklergebühr behalten.

Die Art und Weise, wie ein Autohaus mit Inzahlungnahmen arbeitet, ist sehr ähnlich. Sie werden Ihnen das Auto zu einem sehr niedrigen Preis abkaufen, dann umdrehen und es auf dem Grundstück für eine hohe Gewinnspanne verkaufen.

Einer der positivsten Aspekte eines Leerverkaufs ist die Tatsache, dass Sie niemals das Eigentum an den Aktien übernehmen, was bedeutet, dass Sie nie in der Lage sind, Geld zu verlieren. Da Sie Aktien zu einem hohen Preis verkauft haben,

haben Sie bereits davon profitiert, und im schlimmsten Fall wird die betreffende Aktie nicht im Preis fallen. Anstatt die Aktien an den Makler zurückzugeben, von dem Sie sie geliehen haben, können Sie einfach den Betrag, für den sie ursprünglich gekauft wurden, zusammen mit der Prämie zurückgeben.

Wie können Sie sicher sein, dass Sie bei den Optionen mit dem besten Preis nicht überbieten oder einen guten Kurs verlieren, weil Sie nicht in der Lage sind, bei Ihrem Broker einen Kauf- oder Verkaufsauftrag zu platzieren? Gibt es eine Möglichkeit, Limits für Ihren Handel zu setzen? Hier sind einige Möglichkeiten, Ihre Investitionen zu schützen und Ihre Risikofaktoren zu begrenzen.

Kapitel 8: Risikomanagement

Einer der wichtigsten Aspekte des Schutzes Ihrer Investitionen ist der Ausgleich Ihrer Risiken durch Garantien. Es gibt verschiedene Möglichkeiten, dies zu tun, und wir werden sie in diesem Kapitel erörtern.

Limitaufträge und Risikoausgleich

Ein Limitauftrag ist ein dauerhafter Betrag, für den Sie dem Kauf oder Verkauf eines bestimmten Wertpapiers oder einer anderen Ware zugestimmt haben. Beispielsweise haben Sie Ihren Makler angewiesen, dass er X Wertpapiere erst dann verkauft, wenn ihr Wert ein Minimum von Y Dollar erreicht hat. Gleichzeitig werden Sie nicht den gleichen

Wert der X-Sicherheit kaufen, wenn sie einen Wert von Z übersteigt. Die Festlegung von Obergrenzen für den Preis, den Sie für ein bestimmtes Wertpapier zahlen, sowie für den Preis, den Sie für den Verkauf des Wertpapiers akzeptieren, schützt Sie und Ihre Investition auf verschiedene Weise.

Erstens maximieren Sie Ihre Gewinne, aber vor allem vermeiden Sie Verluste. Jeder Verlust, der bei Limitaufträgen auftritt, wird immer ein nicht realisierter Verlust sein, oder ein Verlust, der nicht in liquiden Mitteln oder Bargeld gemessen werden kann. Mit anderen Worten: Solange Sie die Aktien nicht verkaufen und den Nettoverlust nicht ernten, wird sich dies nicht auf Ihr Nettovermögen auswirken. Da Sie ein Limit festgelegt haben, das es nicht erlaubt, Ihre Waren für weniger als die ursprünglichen Kosten zu verkaufen, ist es nicht möglich, dass Sie einen Verlust in Ihrem Nettovermögen haben. Gleichzeitig sichern Sie sich auch zumindest einen gewissen Gewinn, indem Sie Ihre

Verkaufsstelle hoch genug einstellen, um diesen bestimmten Gewinn zu ernten.

Eine weitere Möglichkeit, Ihr Vermögen zu schützen, ist die Absicherung. Das bedeutet, dass Sie einen Futures-Kontrakt erstellen und verkaufen, der besagt, dass Sie Ihre Aktien zu diesem vorher festgelegten Preis verkaufen werden, wenn Ihre Aktien in der Zukunft einen bestimmten Wert erreichen. Wenn dieser Preis erreicht ist, wird die Bestellung bearbeitet und die Transaktion abgeschlossen. Sollten Sie Ihre Meinung über ein von Ihnen festgelegtes Limit jemals ändern, können Sie natürlich eine Stop-Order bei Ihrem Broker platzieren, die besagt, dass Sie nicht mehr mit dem angegebenen Dollarbetrag handeln möchten.

Sie können auch auf Marge kaufen. Dies ist dem Leerverkauf sehr ähnlich, aber anstatt sich Aktien für den Verkauf zu leihen, leiht man sich im Wesentlichen Geld, um selbst Aktien zu kaufen, wenn der Marktwert gesunken ist. Wenn dann der Wert der von Ihnen gekauften Wertpapiere steigt und Sie gewinnbringend verkaufen können, zahlen Sie den Kredit zurück und behalten den Überschuss aus dem Verkauf abzüglich der Maklergebühren. Natürlich fallen bei allen Geschäften mit einem Makler eine Prämie oder Provision für die erbrachten Dienstleistungen an, und es ist fast unmöglich, ohne einen Makler- oder Händlerdienst zu handeln. Online-Dienste sind jedoch oft kostengünstiger als Live-Broker, aber Sie können Ihre Nachforschungen anstellen, um herauszufinden, was Ihre beste Option ist.

Wie bediene ich einen Hammerkopf?

Nein, wir meinen nichts in der Garage, im Schlafzimmer oder in einer Country-Band. Ein Hammerkopf ist ein Markttrend, der den Widrigkeiten trotzt. Man könnte meinen, es sei die "Unebenheit auf der Straße". So vorsichtig man auch beim Erlernen des

Autofahrens und der Koordination ist, manchmal kann man nichts tun, um zu vermeiden, von hinten angefahren zu werden.

Whipsaw ist ein Begriff für das, was passiert, wenn alles im Markttrend in eine bestimmte Richtung weist und Sie zum Kauf (wenn es so aussieht, als würden die Preise steigen) oder Verkauf (wenn es so aussieht, als würden sie fallen) veranlasst, dann tritt der gegenteilige Effekt ein.

Wenn Sie zum Beispiel eine Aktie zu fünf Dollar pro Aktie kaufen, weil die Aktie so weit gefallen zu sein scheint und einen Aufwärtstrend zu beginnen scheint, dann stürzt die Aktie unerwartet auf einen Dollar pro Aktie ab, was als Hammerkopfeffekt angesehen wird. Wenn Ihnen dies passiert, was sicherlich der Fall sein wird, wenn Sie lange genug auf dem Markt spielen, ist es das Beste, zu warten. Die Aktie wird eines von zwei Dingen tun - entweder wird sie sich

vollständig auflösen und das Unternehmen wird Konkurs anmelden (das ist es, was Sie nicht wollen), oder sie wird sich erholen, und Sie können entweder auf die Gelegenheit warten, einen Gewinn zu erzielen, oder Sie können gehen, sobald der Kaufkurs erreicht ist.

Hammerheads sind nicht das Ende der Welt, und niemand kann erwarten, mit jedem Kauf an der Börse einen Gewinn zu erzielen. Wenn Sie jedoch feststellen, dass Sie an mehreren dieser Fälle beteiligt sind, sollten Sie Ihre Anlagemöglichkeiten ernsthaft überdenken. Vielleicht lesen Sie die Signale falsch, oder Sie wählen die falschen Aktien. Sie sollten sich bei allen zukünftigen Investitionen, die Sie zu tätigen beabsichtigen, beraten lassen, bevor Sie weitere Aktien oder Anteile kaufen.

Eine andere Möglichkeit, eine solche Fehlinvestition rückgängig zu machen, besteht darin, mit einem Gegengeschäft fortzufahren - einem Kauf oder Verkauf, der den Verlust einer früheren Transaktion ausgleicht. Sie könnten zusätzliche Aktien desselben Unternehmens zum niedrigeren Preis kaufen, wenn Sie erwarten, dass es sich erholen wird, oder Sie könnten sich für einen anderen heißen Rohstoff entscheiden, dessen Preis explodieren wird, was Ihnen helfen wird, Ihren Verlust auszugleichen. Sie können auch Aktien einer Aktie verkaufen, in der Sie einen großen Betrag an nicht realisierten Gewinnen haben - Gewinne, die nicht in flüssigen Mitteln oder Bargeld aufgrund von Wertsteigerungen der Aktien und Wertpapierbestände gemessen werden können - um den verlorenen Barwert zu ersetzen.

Dies sind alles gangbare Optionen zur Wiedererlangung eines Verlusts, aber das Abwarten, bis sich der Wert der Aktie wieder

erholt hat, ist immer die erste Option. Sie vermeidet den Verlust bereits investierter Gelder, behält die Möglichkeit, Gewinne zu erzielen und verringert das Risiko neuer Investitionen auf dem Markt.

Wenn Sie erwachsen werden und diese verschiedenen Möglichkeiten kennen lernen, müssen Sie sich wohler fühlen, wenn Sie von Finanz-Gurus und Gurus umgeben sind, die etwas wie Kauderwelsch sprechen und Worte murmeln, die Sie links und rechts nie gehört haben. Das nächste Kapitel führt Sie durch einige der Bedeutungen der wichtigsten Schlagworte, die auf dem Aktienmarkt und im internationalen Finanzdistrikt verwendet werden.

 FOREX BIBEL

Kapitel 9: Schlagworte

Jetzt, da Sie ein wenig mehr über den Aktienmarkt wissen und beschlossen haben, sich im Investieren zu versuchen, sollten Sie sich mehr darum bemühen, den Jargon zu verstehen, den Sie im Handelsraum hören werden. Obwohl Sie sich wahrscheinlich nicht mitten in einer Gruppe von schreienden Börsenmaklern an der Wall Street wiederfinden werden (und heutzutage wird der meiste Handel ohnehin per Computer abgewickelt), wissen Sie doch, dass das Erlernen des Sprechens Teil des Spaziergangs ist.

Ränder, Spannen und andere Gewürze

Okay, es sind Ränder, keine Margarinen, aber es klingt sehr ähnlich. Um den Aktienmarkt, insbesondere auf dem Forex, zu verstehen, muss man nicht eine Sprache sprechen, die für die allgemeine Kommunikation gedacht ist, sondern die Sprache des Handels. Wenn man z.B. an eine Marge denkt, bedeutet dies für viele eine Variable, wie z.B. die "Fehlermarge" einer Statistik.

Im Handel bezieht er sich jedoch auf die Geldmenge, die von einem Broker geliehen wird, um Aktien zu kaufen, wenn der Markt abwärts tendiert. Dann, wenn die Aktie ihren nächsten Anstieg beginnt, verkaufen Sie die Aktie zum höheren Preis, geben die Marge (zusammen mit der akkumulierten Prämie) zurück und behalten den Gewinn.

Wenn Sie auf Margin kaufen, wird das vom Broker geliehene Geld als Margin-Konto bezeichnet. Das Marginkonto ist provisorisch und basiert auf dem Wert der Aktie. Gelegentlich, wenn der Wert der gekauften Aktien zu niedrig für die vom Makler festgelegte Marge fällt, wird der

Makler verlangen, dass mehr Geld auf das Marginkonto eingezahlt wird, um den Verlust auszugleichen. Dies wird als Margin Call bezeichnet.

Bei einigen Geschäften kommt der Marktwert nicht ins Spiel. Zum Beispiel wird ein Termingeschäft zwischen zwei Personen oder zwei Unternehmen außerhalb des offenen Marktes eingerichtet. Sie beinhaltet einen Handelsprozess und eine eventuelle Preisverpflichtung. Üblicherweise wird ein Angebot gemacht - das Angebot, eine Ware zu einem bestimmten Preis zu kaufen - und ein Verkaufs- oder Angebotspreis - der Preis, zu dem die andere Handelseinheit bereit ist, die Wertpapiere oder andere Bestände zu verkaufen. Die Differenz zwischen diesen beiden Kaufzahlen wird als Spread bezeichnet.

Wenn es nicht gelingt, die Ausbreitung zu verringern und schließlich zu schließen, kann keine Einigung erzielt werden. Dieser vereinbarte Preis wird als Forward-Preis bezeichnet, und alle Einzelheiten des Handelsprozesses bei dieser Art von Transaktion werden in einem Kontrakt und in sogenannten Forward-Punkten festgelegt. Im Allgemeinen wird der Terminpreis als für ein bestimmtes Datum verfügbar angegeben, und wenn die Transaktion bis zu diesem Datum (als Transaktionsdatum bezeichnet) nicht abgeschlossen ist, muss die Transaktion neu verhandelt werden.

UK-Makler, Werften und andere Bedingungen

Einer der wichtigsten ausländischen Märkte, die Amerikaner, die mit Devisen handeln, finden, ist der der Briten. Während andere börsenbezogene Begriffe aufgrund der gemeinsamen Sprache ähnlich sein werden, gibt es einige spezifische Begriffe, die im britischen Handelsvokabular sehr unterschiedlich sind.

In den Vereinigten Staaten beispielsweise werden Börsenmakler, die Wertpapiere halten, die zu niedrigen Preisen gekauft wurden, um sie an Kunden auf einem Markt mit höheren Preisen zu verkaufen (so dass der Kunde umkehren und sie mit Gewinn auf dem offenen Markt weiterverkaufen kann), als Market Maker bezeichnet. In Großbritannien wird diese Art von Investoren jedoch einfach als "Jobber" bezeichnet.

Ein weiterer Begriff, mit dem Sie sich vielleicht vertraut machen möchten, ist "Yard". Dies bezieht sich nicht auf einen grünen Fleck Schmutz, ein Maß in Zoll oder gar 36 von etwas. Der Begriff wird in Bezug auf den Währungsbetrag und nicht auf seinen Wert verwendet und entspricht einer Million Einheiten der betreffenden Währung. Mit anderen Worten, Sie können einen Dollar-Yard oder einen Yen-Yard haben, und obwohl die gleiche Menge an Scheinen,

Münzen oder jeder anderen physischen Währung verwendet wird, ist sie nicht unbedingt gleichwertig im Wert.

In Großbritannien verwenden sie nicht den Euro, und sie verwenden nicht den US-Dollar. Sie haben beschlossen, weiterhin das britische Pfund zu verwenden, eine Währung, die im Land seit Hunderten von Jahren verwendet wird. Allerdings befindet sich Großbritannien derzeit auf dem Weg zur Umstellung auf den Euro innerhalb der nächsten fünf Jahre.

Öffnen und Schließen

Auf dem Aktienmarkt gibt es verschiedene Arten von Aufträgen, die erteilt werden können, um Sie vor Fehlinvestitionen zu schützen oder um den Betrag, den Sie für ein bestimmtes Wertpapier oder eine andere

Ware zahlen, zu begrenzen. Wenn Sie beispielsweise eine Fehlinvestition getätigt haben und nicht in ein bestimmtes Wertpapier reinvestieren wollen, sollten Sie alle Aktien dieses Wertpapiers verkaufen, unabhängig davon, ob Sie einen kleinen Verlust erlitten haben. Diese Aktion wird als Schließen einer Position bezeichnet. Umgekehrt können Sie, wenn Sie mit Ihrer Investition gut abschneiden, an einer Reinvestition teilnehmen, indem Sie den Erlös einfach in zusätzliche Aktien oder Wertpapiere reinvestieren.

Ein offener Auftrag ist genau das, wonach er aussieht, d.h. der Auftrag bleibt so lange pendent, bis er von Ihrem Broker ausgeführt oder von Ihnen als Kunde storniert wird. Eine Stop-Order würde jede Pending Order, die Sie bei Ihrem Broker platziert haben, annullieren. Sie haben auch Optionen wie z.B. Einer storniert die anderen Aufträge. Diese ermöglichen es Ihnen, sich für verschiedene Rohstoffe zu interessieren und

Ihrem Broker die Aufträge zu überlassen, sie alle zu kaufen, sollten sie zu einem bestimmten Preis fallen. Wenn dann einer von ihnen diesen vorgegebenen niedrigen Preis erreicht, folgt Ihr Makler seiner Anweisung und investiert Ihr Geld in dieses bestimmte Wertpapier, gefolgt von einer Stornierung aller weiteren Aufträge.

Wenn ein Makler Ihnen eine Schätzung des Preises einer bestimmten Aktie oder eines bestimmten Produkts gibt, gilt dies als Kursangabe. Eine Notierung ist nie ganz genau und wird üblicherweise als Kassakurs bezeichnet, da sich der Wert eines Wertpapiers innerhalb von Sekunden ändern kann. Sie ist jedoch so genau, wie man es erwarten kann. Wenn Sie eine Order platzieren, bearbeitet der Broker dann die Ausführung bzw. den Abschluss dieser Order. Der tatsächliche Wert, zu dem der Handel abgeschlossen wird, wird als Ausführungspreis bezeichnet. Der Abschluss eines Handels oder Kaufs, auch Settlement genannt, kann auch als Ausführung eines Handels oder Platzierung eines Auftrags bezeichnet werden. Wie Sie sehen, gibt es viele Begriffe zu berücksichtigen, und wir haben noch nicht einmal damit begonnen, die Begriffe zu berücksichtigen, die in einigen der schwierigeren Bereiche des Marktes verwendet werden.

Im Folgenden betrachten wir einige spezialisierte und komplexere Handelsoptionen, die Sie im Devisenhandel einsetzen können, um von der Marktvolatilität und den sich ständig ändernden Wechselkursen zu profitieren.

Kapitel 10: Handelsoptionen für Experten

Nachdem Sie viel Zeit damit verbracht haben, sowohl auf dem inländischen als auch auf dem ausländischen Markt einzukaufen und zu operieren, werden Sie feststellen, dass der Prozess einfacher und fast intuitiv wird. Sie müssen nicht mehr so hart arbeiten, um die Währungsumrechnung zu bestimmen oder das nächste große explosive Produkt zu finden. Es wird Ihnen wie eine zweite Natur vorkommen.

Was ist also die nächste große Herausforderung für jemanden, der auf dem offenen Markt tätig ist? Was verhindert, dass die Dinge eintönig und langweilig werden?

Zunächst einmal passiert auf dem Devisenmarkt immer etwas Neues und Anderes. Denken Sie daran, dass sie 24 Stunden am Tag läuft und Sie nie wissen, was Sie morgens beim Aufwachen vorfinden werden. Es gibt jedoch mehrere Möglichkeiten, die Variation bei der Währungsumrechnung und die Zeitverzögerung zwischen den Märkten auszunutzen, die sich auf die Handelswerte auswirken können.

Schiedsgerichtsbarkeit

Es gibt einige Rohstoffe, die in mehreren Währungen auf mehreren Devisenmärkten gehandelt werden. Obwohl die Computer heutzutage die Kommunikation weltweit fast blitzschnell gemacht haben, können alle diese Märkte zusammen mit fairen, gleichwertigen Werten für die gemeinsamen Werte der verschiedenen Währungen handeln.

Das System ist jedoch nicht perfekt, und der Wert kann in einem Land und in einer Währung nach oben oder unten gehen, bevor dieselbe Wertänderung über eine andere Grenze kommt. Erfahrene Händler haben gelernt, diese Verzögerung im Markttrend auszunutzen, indem sie einen Prozess namens Arbitrage anwenden.

Bei dieser Transaktion kaufen Sie die betreffende Aktie oder das betreffende Wertpapier auf dem Markt mit dem niedrigsten Preis und verkaufen sie gleichzeitig auf einem Markt, auf dem der Wert höher ist. Der Prozess ist ein bisschen komplex, deshalb nehmen wir ein Beispiel. Nehmen wir an, dass ein US-Dollar 0,5 Pfund Sterling entspricht, was bedeutet, dass in Pfund Sterling alles doppelt so teuer sein wird.

Werfen wir nun einen Blick auf den Preis einer Aktie, die auf beiden Märkten gehandelt wird. Wenn sie gleichwertig wären, dann würden die Aktien in den Vereinigten Staaten für zwei Dollar und in Großbritannien für ein Pfund gehandelt. Wenn jedoch etwas passiert und der Wert der Aktie in Großbritannien fällt, ist sie den Vereinigten Staaten sechs Stunden voraus, und dieser Rückgang wirkt sich möglicherweise nicht sofort auf den amerikanischen Markt aus.

Wenn der Wert der Aktie in Großbritannien auf 0,8 Pfund sinkt, liegt der Kaufpreis aufgrund der Währungsumrechnung jetzt unter dem Dollarpreis. In diesem Fall würde eine Arbitrage stattfinden, wenn Aktien auf dem britischen Markt in Pfund gekauft und auf dem US-Markt in Dollar verkauft werden, wobei man von der langsamen Kommunikation des Aktienwertverfalls profitiert. Tatsächlich werden Sie $.40 pro Aktie verdienen.

Volatilität der Währungsumrechnung

Eine andere Möglichkeit, den sich ändernden Wert jeder einzelnen Währung zu nutzen, besteht darin, auf der Grundlage von Wechselkursen zu operieren. Was genau ist das? Sie müssen die sich ändernden Umrechnungskurse sorgfältig beobachten. Wenn sich ein Währungsumrechnungskurs dramatisch ändert, ist es an der Zeit, eine Änderung vorzunehmen. Dies ist der Arbitrage sehr ähnlich, aber das Gebiet ist aufgrund der hohen Volatilität viel risikoreicher. Wenn Sie beispielsweise im obigen Szenario eine Aktie auf dem US-Markt für zwei Dollar pro Aktie gekauft haben und das Pfund Sterling plötzlich an Wert gewinnt und auf einen Umrechnungskurs von nur einem halben Pfund pro zwei Dollar fällt, würden Sie Ihre Aktie auf dem britischen Markt verkaufen wollen, weil der Wert eines Pfunds höher ist und es nun eine größere Kaufkraft besitzt.

Ein Ratschlag, den Sie sich jedoch merken sollten, ist, dass es am besten ist, alle liquiden Mittel in Fremdwährung sofort, in der Regel am selben Tag, zu veräußern. Dies wird morgen genannt, weil es zwei bis drei Werktage dauert, bis die ausländische Währung geliefert wird, und durch den Umtausch der Währung in den Wert der Aktien am selben Werktag vermeiden Sie, dass Sie die Währung in voller Höhe geliefert bekommen müssen.

Kapitel 11: Andere Handelsoptionen

Zusätzlich zu den oben beschriebenen Expertenoptionen gibt es andere, nicht-traditionelle Möglichkeiten, auf dem Aktienmarkt Geld zu verdienen. Wenn Sie diese Optionen in Betracht ziehen, sollten Sie jedoch in Betracht ziehen, aus dem Aktien- und Anleihenhandel eine Karriere zu machen.

Einige Arten des Handels sind einfach nichts für schwache Nerven, und das bedeutet, dass man eine volle Motivation und Abenteuerlust haben muss, um an diesen Marktbereichen teilzunehmen. Die Chancen, einen Riesenhit zu erleiden und einen großen Verlust zu erleiden, vervielfachen sich.

Tageshandel

Tägliche Händler gehen einige der größten Risiken auf dem Markt ein. Da Tageshändler mit Investitionen arbeiten, die sich innerhalb weniger Stunden dramatisch verändern, spielen sie natürlich in der Höhle des Löwen. Diese Aktien sind extrem volatil, und für die meisten ist der Tageshandel ein schneller Weg, um viel Geld zu verlieren. Es ist schwierig, auf diese Weise eine große Menge an Bargeld zu verdienen, und es ist noch schwieriger, das Ergebnis dieser täglich gehandelten Aktienoptionen vorherzusagen. Sie können sich über Nacht nicht sicher sein, welche Position (der Nettowert, zu dem ein Börsenmakler oder Daytrader am nächsten Morgen eröffnet).

Und auf dem Forex gibt es wenig Raum für den täglichen Handel, da der Markt während der Geschäftswoche nie schließt. In diesen

Fällen muss der Day Trader eine Frist für den Ausstieg setzen und alle Aktien verkaufen, damit er ruhig schlafen kann, während die Welt sich dreht und am nächsten Tag wieder beginnt.

Daytrading ist sehr gefährlich und wird für Neuankömmlinge nicht empfohlen. Tatsächlich ist es überhaupt nicht empfehlenswert, und die meisten Menschen, die in diesem volatilen Teil der Branche tätig sind, sind sehr erfahren im Handel auf dem offenen Markt, berücksichtigen die Risikofaktoren nicht sorgfältig genug, bevor sie in diesen Marktzweig einsteigen, oder haben so viel Geld, dass sie diese Form der Investition einfach ausprobieren wollen und es ihnen egal ist, ob sie eine gute Summe verlieren.

Sekundäre Märkte

Sekundärmärkte sind interessant, weil sie von der Regierung geschaffen werden, um bei der Umverteilung des für Kredite verwendeten Geldes zu helfen. Fannie Mae und Freddie Mac sind zwei der großen Unternehmen, von denen Aktien auf einem Sekundärmarkt gekauft werden.

Und so funktioniert es. Wenn eine Person ein Haus kauft, beantragt sie bei der Bank ein Darlehen, in der Regel in Höhe von achtzig Prozent der Kosten für das Haus. Diese wird gewährt, und das Haus wird von der Bank für die Einzelperson oder Familie gekauft, die damit beginnt, den Kredit an die Bank zurückzuzahlen.

In der Zwischenzeit werden Fannie Mae oder Freddie Mac, zwei Einrichtungen, die ursprünglich von der US-Regierung gegründet wurden, das Darlehen von der

Bank kaufen, um sicherzustellen, dass das Geld bei dieser Bank für die nächste Person verfügbar ist, die einen Hypothekenkredit benötigt. Daher wird das Geld zur künftigen Verwendung an die Bank zurückgegeben.

Was machen diese Agenturen mit dem Defizit, das sie erworben haben? Sie verkaufen es. Auf dem Sekundärmarkt teilen sie das Darlehen in Aktien auf, die durch die Hypothek selbst gedeckt sind, und verkaufen diese Aktien, wobei sie das Geld von den Investoren zurückerhalten. Schließlich werden diese Aktien fällig, wahrscheinlich zur gleichen Zeit, zu der der ursprüngliche Kredit an die Bank zurückgezahlt wird, und die Investoren ernten mit den erwirtschafteten Zinsen die Früchte ihrer Investition.

Eine andere Möglichkeit, die Volatilität des internationalen Aktienmarktes auszunutzen, ist ein Swap. Dabei handelt es sich um den Tausch von Wertpapieren oder Anleihen, um von niedrigeren Zinssätzen zu profitieren. Wenn zum Beispiel ein Handelsunternehmen in Großbritannien im Besitz eines Wertpapiers und ein anderes in Japan im Besitz eines anderen Wertpapiers ist, können die beiden Waren miteinander gehandelt oder verkauft werden, um Zinssätze zu sparen, wenn die derzeit gehaltene Anleihe oder das aktuell gehaltene Wertpapier auf dem gegenüberliegenden Markt zu einem niedrigeren Zinssatz gehalten wird.

Nehmen wir zum Beispiel an, ein Unternehmen hält eine "A"-Anleihe, die auf seinem aktuellen Markt nur zwei Prozent Zinsen zahlt, und ein anderes Unternehmen hält eine "B"-Anleihe mit drei Prozent Zinsen auf seinem Markt. Wenn Anleihe A auf dem ausländischen Markt tatsächlich drei Prozent zahlt und Anleihe B auf dem ersten Markt mit vier Prozent belastet werden kann, können beide Parteien mit einem Anleihe-Swap mehr Geld verdienen. Sie können von einem Verkauf der Wertpapiere untereinander profitieren, da sie einen höheren Zinsgewinn erzielen.

Wenn das verwirrend erscheint, dann wird es in Ihrer nahen Zukunft vielleicht keinen Handel geben. Dies wird häufiger zwischen Unternehmen auf dem ausländischen Markt als zwischen einzelnen Parteien abgewickelt, obwohl es mit dem richtigen Makler erreicht werden könnte. Wenn Sie jedoch an dem Geschäft arbeiten, brauchen Sie nur wenig zu wissen, außer dass Sie eine höhere Marge als bisher suchen, und Ihr Makler kümmert sich um den Rest.

Wenn Sie entscheiden, dass Sie als Unternehmen Aktienoptionen haben sollten, werden Sie wahrscheinlich beschließen, einen Vollzeitberater für all Ihre finanziellen Bedürfnisse, einschließlich der Verwaltung Ihres Aktienbestands, einzustellen. Wenn

Unternehmen groß genug sind und eine ausreichend starke Handelspräsenz auf dem Markt haben, insbesondere auf dem Forex-Markt, werden Sie feststellen, dass es ganze Abteilungen gibt, die sich der Bedienung von Aktienoptionen widmen.

Kapitel 12: Im Rückblick

Nachdem Sie einen Haufen Informationen durchgeschaufelt und so viel Wissen aufgenommen haben, haben Sie wahrscheinlich das Gefühl, in Terminologie zu schwimmen und wissen nicht mehr, wo Sie anfangen sollen. Der beste Weg, Wissen zu behalten, ist die Wiederholung, und eine Kurzanleitung ist auch keine schlechte Idee. Die folgenden Seiten sind eine kurze Zusammenfassung der ausführlichen Diskussionen in diesem Buch, die es Ihnen ermöglicht, schnell auf ein Thema in einer Broschüre zu verweisen.

Grundlagen des Handels

Eine Aktie ist eine Beteiligung an einem Unternehmen, deren Wert je nach dem

Wunsch oder Bedarf an den Waren oder Dienstleistungen dieses Unternehmens variiert. Als Aktionär steigt und sinkt Ihr Nettovermögen, indem Sie bei hohen Werten eine Short-Position (Verkauf) und bei niedrigen Preisen eine Long-Position (Kauf) eingehen. Solange sich die Aktie oder das Wertpapier in Ihrem Besitz befindet, wird die Wertveränderung als nicht realisierter Gewinn oder Verlust betrachtet, da sie nicht in liquiden Mitteln (Bargeld) bewertet werden kann.

Wenn die meisten Rohstoffe, die auf dem Markt gehandelt werden, über einen bestimmten Zeitraum einen starken Aufwärtstrend aufweisen, spricht man von einem Bullenmarkt. Wenn das Wertpapier einen starken Abwärtstrend nimmt und diesen Weg fortsetzt, spricht man von einem Bärenmarkt. Wenn kein solcher Trend erkannt wird und der Wert der Aktie und des Bestandes ziemlich gleichmäßig ist, spricht man von einer flachen Entwicklung.

FOREX BIBEL

Der Forex-Markt

Der Devisenmarkt ist der Aktienmarkt, auf dem mehrere Länder in verschiedenen Zeitzonen ihre inländischen und internationalen Waren in verschiedenen Währungen handeln. Die Währung ist die Stückelung oder Währungseinteilung, die in einem bestimmten Bereich verwendet wird (z.B. US-Dollar oder Euro). Wenn mehrere Währungen verwendet werden, werden sie normalerweise als ein Verhältnis ausgedrückt, das als Kreuzkurs bezeichnet wird und den Betrag einer zweiten Währung angibt, der dem Gegenwert der ersten aufgeführten Währung entspricht. Die Bestimmung des Äquivalents wird als Währungsumrechnung bezeichnet.

Mehrere Länder in Europa, die nun ihre Währungen konsolidiert haben, haben sich darauf geeinigt, den Euro (seit 1999) auf

Forex, wie er kurz genannt wird, zu handeln. Großbritannien, das sich bisher dafür entschieden hat, weiterhin das britische Pfund zu verwenden, nimmt ebenso wie die Vereinigten Staaten, Japan und Australien am internationalen Handel teil. Jedes dieser Länder verwendet seine eigene Währung für Standardhandelszwecke, mit Investitionsoptionen in Fremdwährungen. Ob sich dies lohnt oder nicht, hängt vom Währungsumrechnungskurs ab.

Der Wert der Währung einer Nation wird von ihrer Regierung und ihrer Bundesbank bestimmt (die Federal Reserve, besser bekannt als Fed, ist die Bundesbank der Vereinigten Staaten). Die absichtliche Änderung des Umrechnungskurses durch eine Regierung wird als Bewertung bezeichnet - Abwertung bedeutet, dass die Währung an Wert und Stärke gewinnt, und Aufwertung verleiht der Währung Stärke und Kaufkraft. Wenn die gleiche Änderung des Umrechnungskurses auf natürliche

Weise durch Ereignisse und Marktvolatilität eintritt, dann spricht man von einer Auf- und Abwertung.

Karrieren auf dem Markt

Ohne die Hilfe von Fachleuten ist es fast unmöglich, auf dem offenen Markt zu operieren. Marktanalysten beobachten Aktienmarkttrends, die den Wert von Aktienbeständen beeinflussen. Sie nutzen diese grundlegenden Informationen und die Geschichte, um das Ergebnis verschiedener Aspekte des Marktes in der Zukunft vorhersagen zu können.

Andere Personen, die als Chartisten bekannt sind, erstellen Diagramme und Grafiken, die alle Daten - verschiedene Zahlen, Statistiken, Prozentsätze usw. - in ein leicht lesbares Kerzendiagramm interpretieren, das bestimmte Produkttrends auf dem Markt verfolgt.

Ein Broker ist eine Einzelperson oder ein Unternehmen, das Ihnen bei Ihren Investitionen hilft. Ein Broker kann Ihnen helfen, kluge finanzielle Entscheidungen zu treffen, Ihre Aufträge zu verfolgen und zu platzieren und Markttrends zu verfolgen.

Ein Market Maker macht die gleiche Arbeit wie ein Broker, mit der Ausnahme, dass diese Person oder dieses Unternehmen eine Investition in eine bestimmte Sorte von Aktien und Anleihen hält, die zu einem niedrigeren Preis an einen Kunden leerverkauft werden kann, so dass der Kunde sofort Geld verdienen kann, indem er die gleiche Aktie zum höheren Marktpreis verkauft.

Andere Personen können mit Krediten helfen, so dass Sie auf Marge kaufen können. Dabei geht es um den umgekehrten Ansatz: Geld leihen, um eine Aktie oder ein

Wertpapier mit einem niedrigen Marktwert zu kaufen, so dass der Kunde die Ware dann zu einem höheren Preis wieder verkaufen kann.

Schützen Sie Ihre Investitionen

Es gibt verschiedene Möglichkeiten, Ihre Investitionen zu schützen. Indem Sie Limitaufträge erteilen, garantieren Sie am besten, dass Sie auf dem Markt kein Geld verlieren und garantieren praktisch mindestens einen Mindestgewinn. Sollten Sie jedoch Ihre Meinung über diese Limiten ändern, können Sie jederzeit eine Stop-Order platzieren. Wenn Sie bei Ihrem Broker Daueraufträge hinterlassen, werden diese als offene Aufträge bezeichnet, die offen bleiben, bis der Handel ausgeführt und der Auftrag ausgeführt wird.

Versuchen Sie, Ihre Limitaufträge knapp über den Unterstützungsniveaus (die niedrigsten Werte, die eine Aktie erreichen kann) und knapp unter dem Widerstandsniveau (das obere Niveau, über das der Wert einer Aktie nur schwer steigen kann) zu setzen.

Legen Sie auch ein Wertstellungsdatum fest - ein Datum, an dem Sie einen Durchschnittswert des Wertes eines bestimmten Produkts ermitteln und Ihre Optionen überprüfen können. Dies sollte mindestens alle sechs Monate überprüft werden, wenn Sie planen, Bestände eines bestimmten Wertpapiers zu behalten.

 FOREX BIBEL

Kapitel 13: Eine letzte Option

Obwohl "Kapitel 13" kein geeignetes Mittel ist, um eine finanzielle Anstrengung zu beenden, ist es in diesem Fall eine der wichtigsten Schlussfolgerungen eines unglaublich nützlichen Instruments voller Investitionsratschläge, insbesondere wenn es am Ende eines Buches platziert wird, um denjenigen Hilfe anzubieten, die aufgrund schlechter Investitionsentscheidungen vom Bankrott bedroht sind. Es gibt immer Möglichkeiten, umzukehren, wenn man begonnen hat, den falschen Weg einzuschlagen. Genauso wie man mit einem neuen Auto vorankommt, nachdem man eine Zitrone gekauft hat, die nichts als ein Alptraum war, kann man die Richtung umkehren.

Manche Menschen können Tage, Monate oder sogar Jahre damit verbringen, den Aktienmarkt zu erobern und scheitern trotzdem. In einigen Fällen ist es für den Einzelnen praktisch unmöglich, die Funktionalität des Marktes zu beherrschen. Wenn Sie den Markttrends nicht folgen können, dann ist es am besten, überhaupt keine Investitionsentscheidungen zu treffen.

Es ist in Ordnung, nicht in den Markt zu passen. Gleichzeitig können Sie immer noch Geld mit Investitionen verdienen. Eine letzte Möglichkeit ist die Einrichtung eines diskretionären Kontos. Das bedeutet, dass Sie einen Vertrag mit Ihrem Makler unterzeichnen und ihm einen Geldbetrag für die Investition geben, wobei Sie die Entscheidung über die Platzierung dieser Investition Ihrem Makler überlassen. Sie müssen sich nie wieder Sorgen machen, eine Fehlinvestition zu tätigen. Tatsächlich müssen Sie in diesem Szenario nicht einmal

Markttrends oder andere Informationen, die mit der finanziellen Investition zu tun haben, verfolgen. Ihr Makler teilt Ihnen einfach mit, wenn sich Ihr Nettovermögen erhöht hat oder wenn Ihr Vermögen gesunken ist.

Welche Wahl Sie auch immer treffen, wenn Sie sich auf dem Aktienmarkt bewegen, Sie müssen sich keine Sorgen machen, dass Sie nicht über die wesentlichen Informationen verfügen, die Ihnen bei Ihren ersten Handelserfahrungen helfen können. Jetzt verfügen Sie über das Basiswissen und das unentbehrliche Nachschlagewerk, um die Reise zu Erfolg und Reichtum zu beginnen, auf das Sie jederzeit zugreifen können.

 FOREX BIBEL

Besuchen Sie unsere Website! Holen Sie sich weitere Bücher von MENTES LIBRES!

https://www.amazon.de/MENTES-LIBRES/e/B08274DDV4?ref_=dbs_p_ebk_r00_abau_000000

Wenn Sie möchten, können Sie Ihren Kommentar zu diesem Buch hinterlassen, indem Sie auf den folgenden Link klicken, damit wir uns weiter entwickeln können! Vielen Dank für Ihren Kauf!

https://www.amazon.de/dp/B08958G45H